G
206

OUVRAGE PUBLIÉ SOUS LES AUSPICES
DU MINISTÈRE DE L'INSTRUCTION PUBLIQUE
SOUS LA DIRECTION DE L. JOUBIN
PROFESSEUR AU MUSÉUM D'HISTOIRE NATURELLE

DEUXIÈME EXPÉDITION ANTARCTIQUE FRANÇAISE

(1908-1910)

COMMANDÉE PAR LE

Dr JEAN CHARCOT

SCIENCES NATURELLES : DOCUMENTS SCIENTIFIQUES

ACARIENS

PAR

E.-L. TROUESSART

Assistant au Muséum National d'Histoire Naturelle de Paris

FORAMINIFÈRES

PAR

E. FAURÉ-FRÉMIET

MASSON ET Cie, ÉDITEURS
120, Bd SAINT-GERMAIN, PARIS (VIe)
1914

Commission chargée par l'Académie des Sciences
d'élaborer le programme scientifique de l'Expédition

MM. les Membres de l'Institut :

Bouquet de la Grye.	Giard.	de Lapparent.	Muntz.
Bornet.	Guyou.	Mangin.	Ed. Perrier.
Bouvier.	Lacroix.	Mascart.	Roux.
Gaudry.			

Commission nommée par le Ministère de l'Instruction Publique
pour examiner les résultats scientifiques de l'Expédition

MM. Ed. Perrier .... Membre de l'Institut, Directeur du Muséum d'Histoire naturelle, Président.

Vice-Amiral Fournier, Membre du Bureau des Longitudes, Vice-Président.

Angot .... Directeur du Bureau central météorologique.

Bayet .... Correspondant de l'Institut, Directeur de l'Enseignement supérieur.

Bigourdan .... Membre de l'Institut, Astronome à l'Observatoire de Paris.

Colonel Bourgeois .... Directeur du Service géographique de l'Armée.

Bouvier .... Membre de l'Institut, Professeur au Muséum d'Histoire naturelle.

Gravier .... Assistant au Muséum d'Histoire naturelle.

Commandant Guyou .... Membre de l'Institut, Membre du Bureau des Longitudes.

Hanusse .... Directeur du Service hydrographique au Ministère de la Marine.

Joubin .... Professeur au Muséum d'Histoire naturelle et à l'Institut Océanographique.

Lacroix .... Membre de l'Institut, Professeur au Muséum d'Histoire naturelle.

Lallemand .... Membre de l'Institut, Membre du Bureau des Longitudes, Inspecteur général des mines.

Lippmann .... Membre de l'Institut, Professeur à la Faculté des Sciences de l'Université de Paris.

Müntz .... Membre de l'Institut, Professeur à l'Institut agronomique.

Rabot .... Membre de la Commission des Voyages et Missions scientifiques et littéraires.

Roux .... Membre de l'Institut, Directeur de l'Institut Pasteur.

Vélain .... Professeur à la Faculté des Sciences de l'Université de Paris.

DEUXIÈME EXPÉDITION ANTARCTIQUE FRANÇAISE

(1908-1910)

COMMANDÉE PAR LE

Dr JEAN CHARCOT

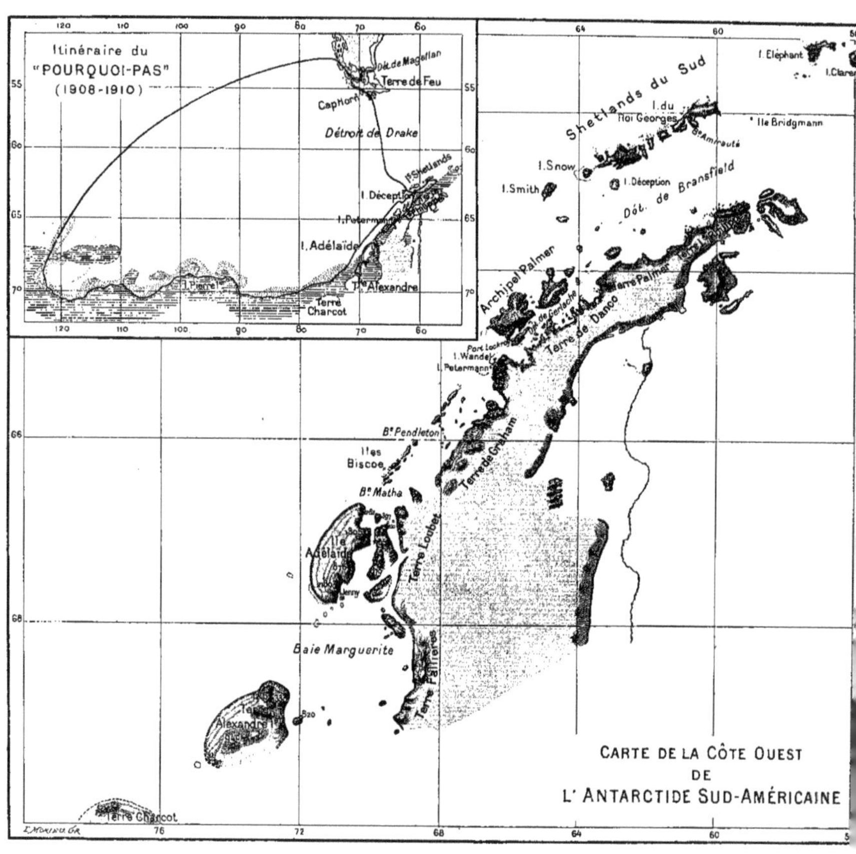

CARTE DES RÉGIONS PARCOURUES ET RELEVÉES PAR L'EXPÉDITION

MEMBRES DE L'ÉTAT-MAJOR DU " POURQUOI-PAS ?

J.-B. CHARCOT

M. BONGRAIN.	Hydrographie, Sismographie, Gravitation terrestre, Observations astronomiques.
L. GAIN.	Zoologie *(Spongiaires, Échinodermes, Arthropodes, Oiseaux et leurs parasites)* Plankton, Botanique.
R.-E. GODFROY	Marées, Topographie côtière, Chimie de l'air.
E. GOURDON	Géologie, Glaciologie.
J. LIOUVILLE	Médecine, Zoologie *(Pinnipèdes Cétacés, Poissons, Mollusques, Cœlentérés Vermidiens, Vers et Protozoaires, Anatomie comparée, Parasitologie).*
J. ROUCH.	Météorologie, Océanographie physique, Électricité atmosphérique.
A. SENOUQUE.	Magnétisme terrestre, Actinométrie, Photographie scientifique.

OUVRAGE PUBLIÉ SOUS LES AUSPICES DU MINISTÈRE DE L'INSTRUCTION PUBLIQUE
SOUS LA DIRECTION DE L. JOUBIN, Professeur au Muséum d'Histoire Naturelle.

DEUXIÈME EXPÉDITION ANTARCTIQUE FRANÇAISE

DOK 145090

(1908-1910)

COMMANDÉE PAR LE

Dr JEAN CHARCOT

SCIENCES NATURELLES : DOCUMENTS SCIENTIFIQUES

ACARIENS

PAR

E.-L. TROUESSART
Professeur au Muséum National d'Histoire Naturelle de Paris.

FORAMINIFÈRES

PAR

E. FAURÉ-FREMIET

MASSON ET Cie, ÉDITEURS
120, Bd SAINT-GERMAIN, PARIS (VIe)

1914

Tous droits de traduction et de reproduction réservés

LISTE DES COLLABORATEURS

MM. TROUESSART............ *Mammifères.*
ANTHONY et GAIN ..... *Documents embryogéniques.*
* LIOUVILLE .... *Cétacés* (Baleinoptères, Ziphiidés, Delphinidés).
GAIN .... *Oiseaux.*
LIOUVILLE .... *Phoques.*
* ROULE .... *Poissons.*
* SLUITER .... *Tuniciers.*
JOUBIN .... *Céphalopodes, Brachiopodes, Némertiens.*
* LAMY .... *Gastropodes, Scaphopodes et Pélécypodes.*
* J. THIELE .... *Amphineures.*
VAYSSIÈRE .... *Nudibranches.*
* KEILIN .... *Diptères.*
* IVANOF .... *Collemboles.*
* TROUESSART .... *Acariens.*
* NEUMANN .... *Mallophages, Ixodides.*
* BOUVIER .... *Pycnogonides.*
COUTIÈRE .... *Crustacés Schizopodes et Décapodes.*
* Mlle RICHARDSON .... *Isopodes.*
MM. CALMAN .... *Cumacés.*
* DE DADAY .... *Ostracodes, Phyllopodes, Infusoires.*
* CHEVREUX .... *Amphipodes.*
CÉPÈDE .... *Copépodes.*
* QUIDOR .... *Copépodes parasites.*
CALVET .... *Bryozoaires.*
* GRAVIER .... *Polychètes, Crustacés parasites et Ptérobranches.*
HÉRUBEL .... *Géphyriens.*
* GERMAIN .... *Chétognathes.*
* DE BEAUCHAMP .... *Rotifères.*
RAILLIET et HENRY ..... *Helminthes parasites.*
* HALLEZ .... *Polyclades et Triclades maricoles.*
* KŒHLER .... *Stellérides, Ophiures et Échinides.*
* VANEY .... *Holothuries.*
PAX .... *Actiniaires.*
BILLARD .... *Hydroïdes.*
TOPSENT .... *Spongiaires.*
* PÉNARD .... *Rhizopodes.*
* FAURÉ-FRÉMIET .... *Foraminifères.*
* CARDOT .... *Mousses.*
* Mme LEMOINE .... *Algues calcaires (Mélobésiées).*
* MM. GAIN .... *Algues.*
MANGIN .... *Phytoplancton.*
PERAGALLO .... *Diatomées.*
HUE .... *Lichens.*
METCHNIKOFF .... *Bactériologie.*
GOURDON .... *Géographie physique, Glaciologie, Pétrographie.*
BONGRAIN .... *Hydrographie, Cartes, Chronométrie.*
* GODFROY .... *Marées.*
* MÜNTZ .... *Eaux météoriques, sol et atmosphère.*
* ROUCH .... *Météorologie, Électricité atmosphérique, Océanographie physique.*
SENOUQUE .... *Magnétisme terrestre, Actinométrie.*
J.-B. CHARCOT .... *Journal de l'Expédition.*

Les travaux marqués d'un astérisque sont déjà publiés.

ACARIENS

Par E.-L. TROUESSART

PROFESSEUR AU MUSÉUM NATIONAL D'HISTOIRE NATURELLE DE PARIS

Les Acariens recueillis par la seconde expédition du Dr Charcot dans l'Antarctique sont, comme on devait s'y attendre, plus nombreux et plus variés que ceux de la première. Quatre familles y sont représentées : *Oribatidæ*, *Halacaridæ*, *Eupodidæ*, *Sarcoptidæ*. Les deux naturalistes attachés à l'expédition, MM. Gain et Liouville, ont mis beaucoup de soin à récolter et à trier ces animaux microscopiques, et je leur en adresse tous mes remerciements.

Malgré le succès relatif de leurs recherches, puisqu'elles me permettent de décrire ici plusieurs formes nouvelles et même un genre nouveau, je crois devoir rappeler, du moins en ce qui concerne les Acariens marins (*Halacaridæ*), les recommandations que j'ai déjà faites anciennement (1).

Il serait préférable, pour ce genre de recherches, de ne pas trier sur les lieux mêmes les spécimens qui se trouvent confondus avec une masse de débris de toute espèce, dans le fond des dragues, mais de rapporter ces matériaux dans l'alcool en laissant aux spécialistes le soin de les trier. J'ai pu constater par moi-même que les espèces rares échappent presque toujours à un premier triage, même fait à la loupe, et qu'un second triage fournit souvent ces espèces, que leur forme fait quelquefois confondre avec des Copépodes, à un faible grossissement.

En outre, lorsque l'on met dans l'alcool des animaux ou des végétaux marins branchus ou tubulaires, et que l'on prend la précaution de renouveler cet alcool au bout de quelques jours, il serait très important *de ne pas jeter la boue qui s'est déposée dans le fond des flacons avec d'autres*

(1) E. Trouessart, Instructions aux naturalistes voyageurs pour la récolte des Arthropodes microscopiques (Acariens, Copépodes, etc.) (*Bull. de la Société zoologique de France*, 1902, p. 22).

débris, mais de la mettre à part pour la recherche des Acariens marins. C'est dans ces matériaux que l'on peut faire les découvertes les plus intéressantes, car c'est sur les animaux et les végétaux, et non sur le fond de la mer, que vivent les Acariens. Ceci s'applique plus particulièrement aux Ascidies, aux Bryozoaires, aux Spongiaires, aux Coralliaires, au Byssus des Lamellibranches, aux Corallines et aux Nullipores, que j'énumère à peu près dans l'ordre où les Acariens semblent montrer pour eux leur préférence. En dehors de cet habitat, on ne rencontre que des spécimens isolés et de peu d'intérêt.

Le court mémoire que j'ai consacré, en 1907, aux Acariens de la première expédition du Dr Charcot ne renfermait que des *Halacaridæ*. A la même époque, M. le Pr Lohmann (de Kiel) décrivait les *Halacaridæ* de l'Expédition allemande dans les mers australes, et les courtes diagnoses préliminaires de ces Acariens, seules publiées à ce moment, ne m'avaient pas permis d'identifier les types de cet auteur avec les miens. Depuis, le mémoire plus élaboré et accompagné de figures qui a paru dans les résultats de la *Deutsche Südpolar Expedition* (1) m'a montré que plusieurs de ces espèces sont identiques. La priorité appartenant à M. Lohmann, j'aurai à rectifier ici la synonymie des espèces que j'ai précédemment décrites.

FAMILLE DES *ORIBATIDÆ*.

Une seule espèce de cette famille a été rapportée par l'expédition. Cette espèce avait déjà été récoltée par la « Belgica » au détroit de Gerlache ; elle est décrite par A. D. Michaël dans les « Résultats » de ce voyage. Je reproduis ici cette description, d'après le texte anglais.

NOTASPIS ANTARCTICA Michaël.

Notaspis antarctica Michaël, *Résultats du voyage du S. Y. « Belgica » en 1897-1899* : Zoologie, Acariens libres, *Oribatidæ*, p. 2, Pl. II, fig. 1-11.

Corps piriforme, arrondi postérieurement, d'un brun châtain, presque noir et d'un brillant métallique. Téguments (chez l'adulte) durs et

(1) H. Lohmann, Die Meersmilben der deutschen Südpolar Expedition 1901-1903 (*Deutsche Südpolar Expedition*, Bd. IX, Zoologie I, p. 363-413, Pl. XXVIII à XLIII, et 15 fig. dans le texte).

rugueux, finement granulés (on compte environ 150 granulations en ligne par millimètre sur l'abdomen, où elles sont le plus distinctes). Le céphalothorax et les pattes sont fortement chitinisés, mais l'abdomen, malgré l'apparence, se ride en séchant après avoir trempé dans l'alcool ou tout autre liquide, ce qui n'a pas lieu chez d'autres Oribatidés plus fortement chitinisés.

Céphalothorax largement conique, la moitié postérieure présentant de chaque côté une expansion latérale déprimée et aplatie entre les échancrures qui correspondent à l'insertion des deux premières paires de pattes. Mandibules fortes, tridentées ; la dent terminale de l'article mobile de la pince est la plus longue ; les deux dents distales de l'article fixe sont égales entre elles. Maxilles robustes. Lamelles presque obsolètes, allongées en avant, mais constituant deux sillons épais et si peu saillants qu'on les distingue à peine. Poils du rostre assez rapprochés l'un de l'autre, longs, dépassant l'extrémité du genou de la première paire de pattes ; ces poils sont raides, droits, légèrement rugueux. Poils interlamellaires rapprochés, très longs, plus longs que le céphalothorax, mais tout a fait perpendiculaires, droits, raides, rugueux, de couleur foncée, diminuant graduellement d'épaisseur. Poils lamellaires semblables mais plus petits, très rapprochés et perpendiculaires. Cupules pseudo-stigmatiques peu visibles, presque sur la même ligne transverse que les poils interlamellaires. Organes speudo-stigmatiques présentant une petite tête globuleuse portée sur un très court pédoncule.

Pattes passablement longues pour le genre ; les fémurs de la première paire atteignent presque l'extrémité du rostre ; les tibias, qui sont l'article le plus long, sont aplatis et cylindriques ; les fémurs sont presque aussi longs, les tarses plus courts. Les poils, sauf ceux du tarse et le poil tactile de chaque patte, sont épais et recourbés ; il y en a deux sur la face interne et un sur la face externe de chaque fémur des deux premières paires de pattes, une paire sur chaque genou et quelques autres sur le reste des articles. Ils sont plus nombreux sur le tarse, sétiformes et flexibles ; quelques-uns, à l'extrémité, sont un peu crochus. Les griffes sont tridactyles et fortement hétérodactyles.

Abdomen ovale avec une légère échancrure de chaque côté de l'extrémité postérieure près de la ligne médiane, avec un poil court et raide implanté au fond de chacune. Notogastre faiblement voûté, plus fortement au centre, mais sans démarcation entre les deux régions centrale et latérale. La partie marginale aplatie porte de nombreux sillons peu saillants et irréguliers, plus ou moins rayonnants ; au centre, il n'y a pas d'autre marque que des granulations.

Une paire de très petits poils raides à l'extrémité et quelques autres sur les flancs, en outre de ceux déjà signalés. Plaque génitale placée entre la troisième et la quatrième paire de pattes, large, circulaire, un peu plus étroite en arrière et formant pointe en avant chez la femelle ; plus petite et en forme de mitre chez le mâle.

Plaque anale elliptique ou oblongue, plus allongée que la plaque génitale, son extrémité distante de celle de l'abdomen d'une longueur égale à moitié de sa propre longueur. De nombreux sillons sur la face ventrale rayonnant irrégulièrement de la plaque génitale. Une rangée de poils courts de chaque côté des plaques génitale et anale ; d'autres plus petits sur les plaques et une curieuse rangée de cinq à neuf poils plus longs entre les deux plaques, chez le mâle, réduite à une seule paire chez la femelle.

Nymphe de forme rappelant celle des adultes, mais moins élargie en arrière. Céphalothorax et abdomen séparés par une ligne droite. Couleur d'un brun foncé, très foncée pour une nymphe, mais moins foncée que l'adulte, un peu jaunâtre. Céphalothorax large, marqué de nombreux sillons irréguliers, surtout à la base.

Organes pseudo-stigmatiques et poils interlamellaires comme chez l'adulte. Pattes plus courtes par suite de la brièveté des tibias, mais d'ailleurs semblables ; griffes grandes, monodactyles.

Abdomen épais, faiblement voûté. Notogastre couvert de rides transversales, irrégulières, vermiformes, qui deviennent longitudinales sur les côtés, laissant entre elles de larges dépressions en forme de cuvette. Face ventrale plus lisse.

Dimensions. — Femelle : longueur totale : $1^{mm},05$; largeur : $0^{mm},78$. Le mâle est de 6 ou 7 centièmes plus petit.

Habitat. — Sur les Mousses et les Lichens, île Petermann.

FAMILLE DES *HALACARIDÆ*.

Genre RHOMBOGNATHUS Trouessart, 1888.

Ce genre, essentiellement littoral, n'était pas représenté dans les récoltes de la première expédition.

RHOMBOGNATHUS MAGNIROSTRIS LIONYX Trt.

Rhombognathus magnirostris lionyx Trouessart, *Bull. Soc. d'études scient. d'Angers*, 1899, p. 209.

Cette espèce est très répandue : le type habite les mers d'Europe (Manche, Atlantique et Méditerranée) ; la sous-espèce *Rh. m. plumifer* Trt.,

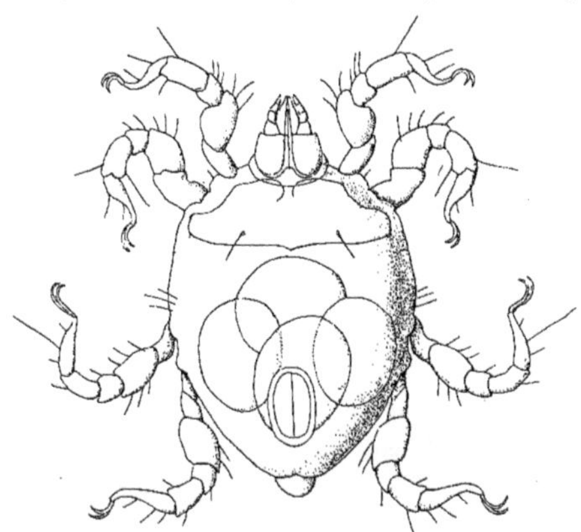

Fig. 1. — *Rhombognathus magnirostris lionyx*, face ventrale, femelle ovigère (×100 environ).

est de la Terre de Feu ; la présente sous-espèce, qui vit aussi sur les côtes de la Manche, et qui est caractérisée par l'absence de peigne aux griffes des quatre paires de pattes, est représentée dans l'Antarctique.

Habitat. — Sur les Bryozoaires (N° 736), et dans un lavage d'Algues du genre *Desmaretia* (M. Gain).

Genre WERTHELLA Lohmann, 1907.

Werthella, Lohmann, *Schriften des Naturwiss. Vereins für Schleswig-Holstein*, XIV, Heft 1, p. 13 (tirage à part). Type : *Halacarus parvirostris* Trt. (*Bull. scient. France et Belgique*, 1889, XX, p. 235).

Caractères. — Corps court et ramassé comme celui de *Rhombognathus*, mais les pattes conformées comme celles d'*Halacarus*, bien que plus courtes et plus grêles. Rostre très court, trapu, compact. Palpes de cinq articles, le premier et le second courts, le troisième long et renflé, le quatrième court, le dernier court, cylindrique avec une courte pointe émoussée. Hypostome triangulaire, allongé, dépassant la base du dernier article des palpes.

Cuirasse bien développée notamment sur les pattes. — Type : *Halacarus parvirostris* Trt., 1889, de Nouvelle-Zélande.

WERTHELLA BOUVIERI nov. sp.

Voisin de *Werthella parvirostris* (figuré par Lohmann : *Südpolar Exped.*, Pl. XXI, fig. 5 à 11), mais le rostre plus allongé, la cuirasse plus développée sur le tronc, moins sur les pattes.

Corps ovale, un peu tronqué en arrière, l'anus étant infère.

Rostre allongé ; l'hypostome très long, atteignant presque la pointe des palpes ; dernier article des palpes très court, à peine plus long que le pénultième article, à pointe faiblement conique ; le troisième article faiblement renflé. Les chélicères longs et grêles (saillants par la compression dans la préparation), à griffe droite, sans dents, dépassant, de toute la longueur de cette griffe, l'extrémité des palpes.

Camérostome à bord supérieur légèrement arrondi, laissant le rostre à découvert. Plaque de l'épistome large, dépassant en arrière la base de la deuxième paire de pattes, présentant sur son bord postérieur une double échancrure en forme de cœur de carte à jouer avec une saillie médiane arrondie ; à surface régulièrement réticulée et munie, en avant, d'un œil impair fortement pigmenté. Plaques oculaires irrégulièrement ovales, anguleuses en arrière et portant dans l'angle antéro-externe une cornée fortement et largement pigmentée ; leur surface réticulée. Plaque notogastrique grande, ovale, son bord antérieur atteignant le niveau de la partie médiane des plaques oculaires, à surface réticulée, sauf sur les deux bandes longitudinales, qui sont lisses, mais dont les bords sont festonnés par les réticulations du reste de la plaque.

Face ventrale : plaque sternale grande, finement granulée, sauf en

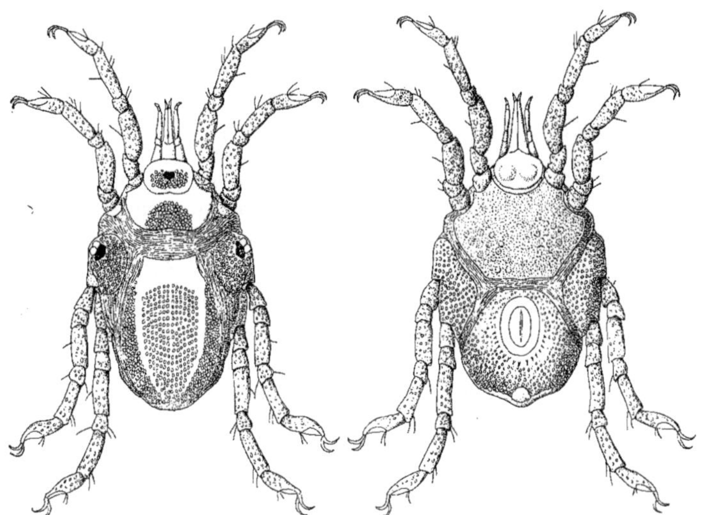

Fig. 2 et 3. — *Wertella Bouvieri*, mâle, face dorsale et face ventrale (× 100).

avant, où elle est échancrée par l'ouverture du camérostome ; plaques coxales grandes, triangulaires, finement granulées ; plaque génitale arrondie, finement granulée en avant et sur les côtés, réticulée dans les angles postéro-externes, lisse au pourtour du cadre génital, qui est bordé en arrière par une rangée de poils courts rangés en forme de V très ouvert ; plaque anale complètement infère, ovale, plus étroite en avant.

Pattes à téguments réticulés, les deux paires antérieures un peu plus fortes que les postérieures, de longueur subégale, les poils disposés comme chez *Werthella parvirostris* ; griffes munies d'une dent accessoire et d'un peigne.

Dimensions. — Longueur totale : 0mm,70 ; largeur : 0mm,35 ; longueur du rostre : 0mm,20.

Habitat. — Sur les Spongiaires, à la face inférieure des pierres à marée basse. Ile Petermann (N° 546). Un seul spécimen (1).

Genre HALACARUS Gosse, 1855.

Groupe Balticus Lohmann.

HALACARUS NOVUS Lohmann.

Halacarus novus Lohmann, *Deutsche Südpolar Exped.*, 1907, IX, p. 379, fig. 6.

Voici la diagnose de Lohmann : « Tronc grand, comprimé, avec le rostre grand, sa partie basale surtout très longue et massive ; pattes courtes et robustes. Cuirasse bien développée. Le troisième article des palpes porte un piquant assez fort dirigé en dedans. La pointe du rostre atteint l'extrémité du deuxième article des palpes. Le cinquième article de la première paire de pattes porte, à la place des piquants de sa face inférieure, deux paires de soies plus longues et raides. — Longueur de l'adulte : 0mm,49 à 0mm,55 ; première nymphe, 0mm,29 ; deuxième nymphe, 0mm,45 à 0mm,47. » — Nos spécimens ne sont pas aussi comprimés que la figure 1 de Lohmann ; du reste, la figure 4 du même auteur indique un animal beaucoup plus large.

Habitat. — Les spécimens de Lohmann ont été recueillis aux îles Saint-Paul et Kerguelen, sur les Algues de la zone littorale. Ceux de l'Antarctique vivent sur les Spongiaires, à la face inférieure des pierres (N° 546), sur les Bryozoaires (N° 736), et se trouvent aussi dans le lavage des Algues du genre *Desmaretia*. C'est l'espèce qui semble la plus répandue de toute la famille des *Halacaridæ*, dans la région explorée par les naturalistes du « Pourquoi Pas ? ».

(1) Je dédie cette intéressante espèce à M. le Professeur Bouvier, en remplacement de *Leptognathus Bouvieri*, dont le nom tombe en synonymie d'une autre espèce par application de la loi de priorité, comme on le verra plus loin.

Genre LEPTOSPATHIS Trt., 1894.

Subgen. Polymela Lohmann, 1901.

LEPTOSPATHIS DRYGALSKII (Lohmann).

Halacarus (*Polymela*) *Drygalskii* Lohmann, *Schriften Naturwiss. Vereins Schleswig-Holstein*, 1907 (mars), XIV, Heft 1, p. 9 (tirage à part); *Deutsch. Südpolar Exped.*, IX, p. 377, Pl. XXXIV. — *Leptospathis Alberti antarctica* Trouessart, *National Antarctic Exped.* — « *Discovery* », 1907, III, Acari, p. 3, Pl. I.

Dans le travail cité ci-dessus, j'ai considéré cette forme antarctique comme une simple sous-espèce de *L. Alberti*, espèce arctique, à laquelle elle ressemble étroitement par tous ses caractères, notamment par son rostre et ses pattes. Cependant M. Lohmann, ayant montré que la cuirasse du tronc présentait des différences, je me range à son avis en considérant les deux formes comme spécifiquement distinctes.

Sur la présente espèce, la plaque de l'épistome est petite, mais se prolonge en arrière en une pointe médiane. Les plaques oculaires sont très grandes, larges et pointues en arrière. La plaque notogastrique est ovale, échancrée au niveau de la quatrième paire de pattes, et forme en avant une pointe entre les deux plaques oculaires. A la face ventrale, les plaques coxales sont très grandes, quadrangulaires, se rapprochant de la ligne médiane au point de ne laisser entre elles qu'une étroite bande de téguments mous et plissés.

Au contraire, chez *L. Alberti*, toutes les plaques dorsales sont largement arrondies; les plaques oculaires sont plus petites, de telle sorte que ces plaques sont largement séparées l'une de l'autre. La plaque du notogastre n'a pas de pointe antérieure; ce bord est largement arrondi au niveau de la troisième paire de pattes. La plaque génito-anale de la femelle est plus courte et plus large.

Habitat. — Cette espèce n'a pas été rencontrée dans les dragages du « Pourquoi Pas ? ». L'expédition anglaise de la « Discovery » l'a trouvée au Victoria Land, au large du Granite Harbourg.

La « Deutsche Südpolar Expedition » l'a recueillie à Kerguelen sur les Algues de la région littorale, tandis que dans l'Antarctique elle ne se trouve que dans les grandes profondeurs, par 385 mètres de fond.

LEPTOSPATHIS OCCULTUS (Lohmann).

Halacarus (*Polymela*) *occultus* Lohm., *Südpolar Exped.*, 1907, p. 375, Pl. XXXIII, fig. 2, 3, 4, 6, 7. — *Leptospathis Bouvieri* Trouessart, *Expéd. Antarctique Française*, 1907, Acariens marins, p. 4 et 5, fig. 1 ; p. 6, fig. 2 et 3.

Habitat. — Cette espèce, draguée par 20 mètres à l'île Winke par la première expédition du Dr Charcot, a été rencontrée par l'expédition allemande dans l'Antarctique (Station et Gaussberg), par 385, 179 et 46 mètres de profondeur.

LEPTOSPATHIS TENUIROSTRIS (Lohmann).

Halacarus (*Polymela*) *tenuirostris* Lohmann, *Südpolar Exped.*, 1907, p. 375, Pl. XXXII, fig. 1, 3, 4 ; Pl. XXXIII, fig. 1, 5, 8. — *Leptospathis scriptor* Trouessart, *Expéd. Antarctique Française*, 1907, p. 8.

Habitat. — Cette espèce a été draguée par l'Expédition anglaise de la Terre Victoria, par 20 mètres (Winter Quaters). L'expédition allemande l'a draguée dans l'Antarctique par 385 mètres de profondeur. — La seconde expédition française l'a recueillie sur les Bryozoaires (Port-Lockroy) (N° 756, une nymphe).

Genre COPIDOGNATHUS Trt., 1888.

A. — Groupe Fabriciusi Lohmann.

COPIDOGNATHUS SIMONIS (Lohmann)

Halacarus (*Copidognathus*) *Simonis* Lohmann, *Südpolar Expedition*, 1907, p. 386, Pl. XLI, fig. 1-6.

Voici la diagnose de Lohmann : « Voisin de *Copidognathus lamellosus*, mais en différant par le rostre et la cuirasse. Les plaques oculaires forment une courte pointe en arrière. Les deux bandes longitudinales de la plaque notogastrique sont plus étroites en avant et en arrière. Les deux paires de pattes antérieures sont fortes, épaisses, et n'ont qu'une courte gouttière lamelleuse au cinquième article, tandis que les pattes postérieures, plus grêles, ont des gouttières lamelleuses plus courtes. Les griffes, courtes en avant, sont plus longues aux pattes postérieures. A la face inférieure du cinquième article des pattes antérieures, on voit deux soies médianes (non plumeuses) et une soie latérale plus longue.

L'hypostome court et triangulaire atteint à peine l'extrémité du deuxième article des palpes.

« *Dimensions.* — Mâle : 0mm,33 ; femelle : 0mm,32 à 0mm,42. »

Habitat. — L'expédition allemande a récolté cette espèce sur les Algues littorales (Le Cap, baie Simon). — L'expédition française l'a trouvée sur les Ascidies (no 812), dans l'Antarctique.

B. — Groupe Oculatus.

Il est probable que plusieurs espèces sont confondues sous le nom de *Copidognathus oculatus*. En raison du petit nombre de spécimens qu'il m'a été donné d'étudier (un seul pour chacune des deux suivantes), j'estime qu'il est préférable de les décrire comme espèces distinctes.

COPIDOGNATHUS LIOUVILLEI nov. sp.

Très semblable à la forme des mers australes figurée par Lohmann sous

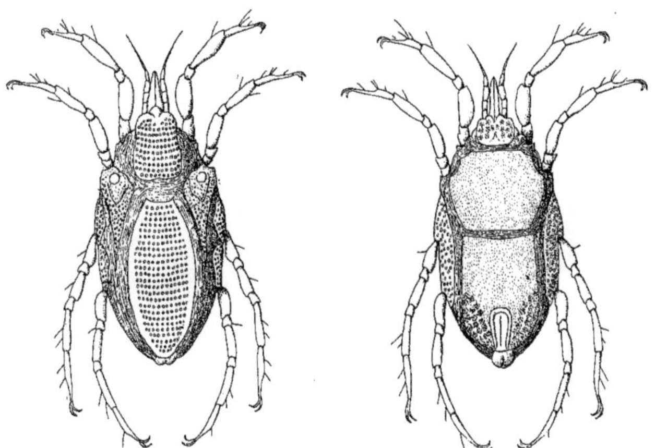

Fig. 4 et 5. — *Copidognathus Liouvillei*, femelle, face dorsale et face ventrale (× 100).

le nom de *C. Vanhoffeni*, mais les plaques oculaires présentent, comme chez *C. oculatus*, dans l'angle antéro-externe, une aire surélevée, arrondie, portant les cornées oculaires ; les pattes antérieures moins robustes, les articles troisième et cinquième (fémur et tibia) étant beaucoup moins renflés ; les pattes postérieures longues et grêles. Les plaques sont assez largement séparées. La plaque génitale est lisse, sauf dans les angles postéro-externes, de chaque côté du cadre génital, angles qui présentent des fovéoles en forme de rosaces. L'anus est terminal.

Dimensions. — Longueur : 0mm,50 ; largeur : 0mm,23.

HABITAT. — Sur les Ascidies (N° 812). — Cette espèce est dédiée à M. le Dr LIOUVILLE, qui l'a récoltée dans l'Antarctique.

COPIDOGNATHUS FLORIDUS nov. sp.

Notablement plus trapue que l'espèce précédente, semblable sous ce rapport à *C. oculatus* (*Sud-pol. Exp.*, Pl. XXXVI, fig. 6), les articles trois et cinq des pattes antérieures fortement renflés surtout à la première paire. Toutes les plaques confluentes, ne laissant que très peu d'espace entre

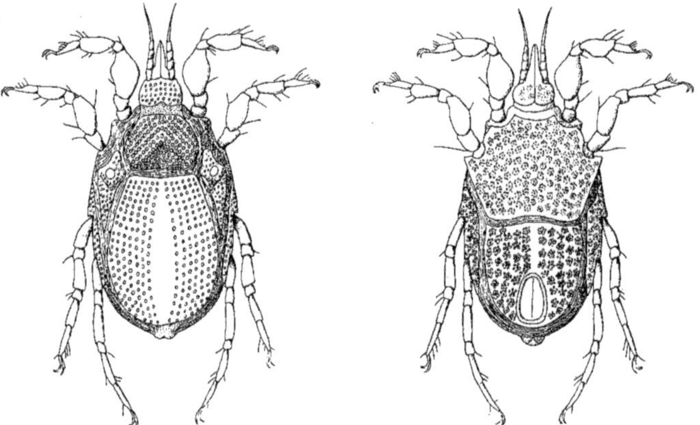

Fig. 6 et 7. — *Copidognathus floridus*, femelle, face dorsale et face ventrale (× 100).

elles. Les plaques oculaires formant, dans leur angle antéro-externe, une saillie en bosse au niveau de l'insertion de la deuxième paire de pattes.

Toutes les plaques, et notamment la plaque génitale, sont entièrement couvertes de fovéoles en forme de rosaces. Anus infère.

Dimensions. — Longueur : 0mm,50 ; largeur : 0mm,28.

Habitat. — Sur les Bryozoaires (N° 736), Port-Lockroy (M. le Dr Liouville).

Genre LOHMANELLA Trt., 1901.

Trouessartella Lohm. (nom préoccupé).

LOHMANELLA FALCATA (Hodge).

Leptognathus falcatus Hodge, *Trans. Tyneside Club*, 1863, V, p. 298, Pl. II, fig. 3 et 4.

Cette espèce présente une large répartition géographique (mers d'Europe, Antarctique, etc.). — Elle se trouve ici sur les Bryozoaires (N° 736) et sur les Spongiaires (N° 546) ; Port-Lockroy et île Petermann.

FAMILLE DES *EUPODIDÆ*.

Sous-famille des ALICINÆ.

Dans ce groupe, que Berlese élève au rang de famille, cet auteur place les genres *Alicus* Koch, *Michaelia* Berlese et *Nanorchestes* Topsent et Trouessart. Il convient d'y joindre le genre suivant (1).

Genre GAINIA gen. nov.

Caractères. — Corps ramassé, globuleux, sans sillon séparant la région thoracique de la région abdominale, le rostre bien distinct, séparé du tronc par un étranglement en forme de cou et penché obliquement vers la face ventrale. Pattes insérées immédiatement en arrière du cou, dans le premier tiers de la longueur totale, courtes, à articles subégaux. Rostre cordiforme, compact, les palpes coniques, de quatre articles, renflés à leur base, le dernier article atténué à son extrémité qui porte une griffe à faible courbure. (Je n'ai pu voir les chélicères, qui sont probablement faibles, stiliformes, contrastant avec la force des palpes).

Remarque. — Par suite de la macération des spécimens dans le liquide

(1) Le présent genre présente aussi des affinités avec le genre *Hybalicus*, que Berlese vient d'adjoindre à ce groupe (*Redia*, IX, 1913, fasc. 1, p. 78, Pl. I, fig. 1).

conservateur, il m'a été impossible de faire une dissection fine du rostre, ou de voir la plaque génitale.

Rapports et différences. — Par la forme des palpes, ce genre se rapproche surtout de *Michaelia*, mais il n'y a pas de région thoracique séparée par un sillon de la région abdominale.

Ce genre est dédié à M. GAIN, naturaliste de l'expédition Charcot, qui a découvert l'espèce type à l'île Petermann.

GAINIA NIVALIS nov. sp.

Corps renflé, ovoïde, avec le rostre bien distinct. Téguments mous, minces, lisses, portant des poils très courts, fasciculés, étalés et branchus, régulièrement espacés sur le dos et les flancs, tous semblables, sans

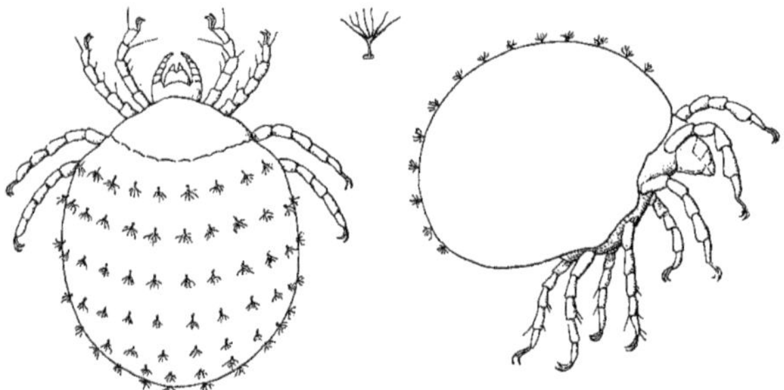

Fig. 8 et 9. — *Gainia nivalis*, face dorsale et de profil (sur cette dernière figure, on n'a pas représenté les poils latéraux) (× 100 environ).

trace de poils longs et lisses. Pattes courtes, subégales, à articles subégaux, sauf le dernier, qui est un peu plus long et se termine par une double griffe et un pulvillum. Chaque article porte une paire de poils longs, faiblement plumeux, aussi longs ou plus longs que l'article, dirigés parallèlement à l'axe du membre ; le tarse est terminé par quatre ou cinq poils semblables qui entourent les griffes et le pulvillum.

La couleur est d'un brun olivâtre très foncé avec les pattes rougeâtres.

Dimensions. — Longueur : $0^{mm},50$; largeur ; $0^{mm},40$.

HABITAT. — Sur *Chlamydomonas antarcticus* Wille, végétation cryptogamique colorant la neige en rouge ; île Petermann (M. GAIN).

FAMILLE DES *SARCOPTIDÆ*.

Les Sarcoptides, récoltés sur les Oiseaux par les naturalistes de l'Expédition, sont des *Sarcoptides plumicoles* ou *Analgesinæ*, pour la plupart déjà connus. Une seule espèce semble nouvelle. Ces Acariens sont loin d'être abondants sur les Oiseaux qui fréquentent les régions antarctiques : ainsi une espèce d'assez grande taille et facilement visible à cause de sa couleur (le *Pterolichus rubidus*, qui vit sur *Thalassogeron chlororhynchus*) n'a pas été recueillie sur cet Albatros, alors qu'elle n'est pas rare chez les individus de l'espèce qui proviennent des régions intertropicales. C'est sur *Chionis alba* que ces Acariens sont le plus abondants et d'espèces variées.

PTEROLICHUS sp. ?

Plusieurs femelles voisines de *Pterolichus Buchholzi*, mais indéterminables en l'absence du mâle.

Sur *Chionis alba*, île Petermann.

MAGNINIA CENTROPODOS FORCIPATA Berlese.

Sur *Chionis alba*.

ALLOPTES CRASSIPES Canestrini.

Femelles seules sur *Chionis alba*.

TROUESSARTIA CHIONIDIS nov. sp.

Très semblable à *T. appendiculata* par la forme de l'abdomen du mâle et celle de l'organe génital, qui est grand avec sa pointe recourbée en forme de bec, mais les pattes postérieures plus robustes, atteignant l'extrémité des lobes abdominaux. Le troisième article de la troisième paire renflé à sa base, en forme de bosse, sur la face externe. Les épimérites, qui bordent la partie rétrécie de l'abdomen, confluentes et n'en formant de chaque côté qu'une seule. Les feuilles qui terminent l'abdomen sont gaufrées. — La femelle est semblable à celle de *T. appendiculata*, mais

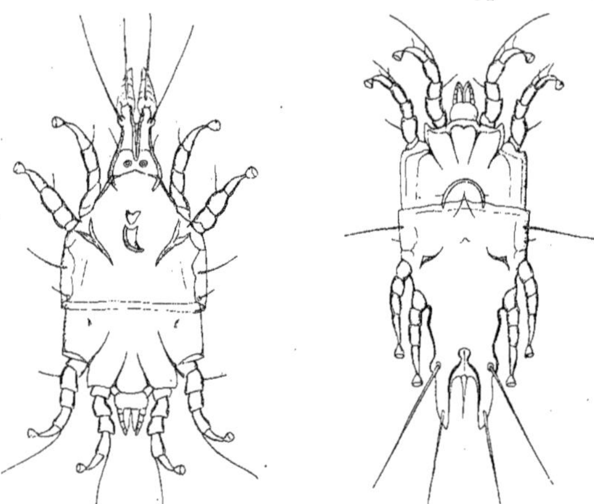

Fig. 10 et 11. — *Trouessartia chionidis*, mâle et femelle, faces ventrales (× 100 environ).

l'appendice médian de l'échancrure abdominale (reste du canal spermatique) est droit, en forme de poignard (et non recourbé).

Sur *Chionis alba*, île Petermann.

Nota. — Par suite d'une mise au point insuffisante, le dessinateur a figuré les fovéoles de la cuirasse, sur les figures 2-3 à 6-7, d'une façon inexacte et trop régulière. De même, il a omis de figurer le peigne des griffes et la dent accessoire sur les figures 2 et 3.

FORAMINIFÈRES

Par E. FAURÉ-FREMIET

LISTE DES ESPÈCES (1)

ARÉNACÉS.

Rhabdammina discreta Brady.	A. B.
Reophax distans Brady.	A. B.
Reophax dentaliniformis Brady.	A. B.
Haplophragmium canariense d'Orb.	A. B.
Haplophragmium latidorsatum Borneman.	A. B.

MILIOLIDÆ.

Miliolina alveoliniformis Brady.

TEXTULARIDÆ.

Bulimina aculeata d'Orbigny.	A. B.
Cassidulina crassa d'Orbigny.	A. B.
Virgulina subdepressa Brady.	A.

LAGENIDÆ.

Entolosenia globosa Ehrb.	A. B.
Uvigerina pygmæa Brady.	A. B.
Uvigerina angulosa.	A. B.

GLOBIGERINIDÆ.

Globigerina bulloides d'Orbigny.	A. B.

ROTALINIDÆ.

Truncatulina (?)

(1) **A**, espèces connues dans les mers australes. — **B**, espèces connues dans les mers boréales.

DESCRIPTION DES ESPÈCES

ARÉNACÉS.

Rhabdammina discreta Brady.

(Planche, fig. 1.)

Le test de ce grand Arénacé forme un tube rectiligne dont le diamètre atteint environ 300 μ et dont la longueur varie de 2 à 7 millimètres. Ce tube est irrégulièrement divisé en segments peu nombreux longs de 0,5 à $1^{mm},6$ et séparés les uns des autres par un étranglement plus ou moins accentué.

Brady montre que *Rh. discreta* ressemble beaucoup aux bras d'une forme voisine qui est ramifiée : *Rh. abyssorum*. Elle est aussi très voisine de *Rh. linearis* Brady, dont un des segments présente un élargissement en forme de loge. Celui-ci peut être plus ou moins accentué, et il existe de nombreux intermédiaires entre ces deux formes.

Le test de *Rh. discreta* est formé de petits grains de sable reliés par un ciment ferrugineux brun jaunâtre.

Rheophax distans Brady.

(Planche, fig. 2.)

Test allongé, droit ou incurvé, composé d'un certain nombre de segments fusiformes reliés entre eux par un tube en forme de stolon. Les segments sont bien distincts, larges, régulièrement renflés vers leur section médiane, graduellement et également atténués à leurs extrémités (Brady). Au point de soudure des parties terminales tubulées de chaque segment, on peut distinguer un léger épaississement annulaire. Cette espèce se rapproche des *Rhabdammina* par le fait que ses loges sont toutes de mêmes dimensions; mais les tests observés, qui présentent de deux à trois chambres égales, sont peut-être des individus incomplets.

Le test de *Rheophax distans* est constitué par une coque chitineuse de couleur brun jaunâtre, très fine, agglutinant à sa surface une mince couche de très petits grains de sable.

Cet Arénacé est isomorphe de *Nodosaria pyrula*.

Brady indique la grandeur de 5 millimètres pour des individus à trois loges. Ceux que j'ai observés mesuraient seulement, dans le même cas, 1mm,5 ; une telle réduction de la taille moyenne des individus trouvés dans l'Antarctique n'est d'ailleurs pas spéciale à cette espèce.

Reophax dentaliniformis Brady.

(Planche, fig. 3.)

Test allongé, a peu près fusiforme, généralement composé de 3-5 loges allongées, ovoïdes, à col atténué, la dernière englobant plus ou moins l'avant-dernière, en sorte que les sillons séparant les diverses loges sont nets mais peu profonds. La première loge est sphérique. Le test est constitué par de petits grains de sable très fortement agglomérés par un ciment ferrugineux grisâtre, abondant; sa surface est presque lisse.

La couleur de *Rh. dentaliniformis* est gris noirâtre ; Brady lui donne comme longueur moyenne 1mm,85. Les exemplaires des Shetland du Sud ne mesurent guère plus de 0mm,8 (individu pourvu de quatre loges).

Haplophragmium canariense d'Orb.

(Planche, fig. 4.)

Le test de *Haplophragmium canariense* se distingue de celui des autres espèces du même genre par la régularité de son enroulement et la forme non globuleuse de ses loges. Celles-ci ont une forme en casque assez régulière, et leur section radiale perpendiculaire au plan d'enroulement est sensiblement ogivale ; enfin l'ouverture orale, en forme de fente étroite, surbaissée et arquée, est généralement située sur le plan d'enroulement. J'ai montré (1910) qu'il existe tous les intermédiaires entre *H. canariense* et quelques espèces voisines telles que *H. latidorsatum* par exemple, chacune de ces espèces étant un groupe de formes dont les variations plus ou moins étendues oscillent autour de quelques types voisins.

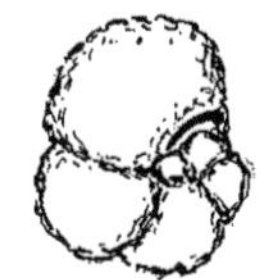

Fig. 1. — *Haplophragmium latidorsatum* Born.

Je n'ai trouvé dans les dragages des îles Shetland qu'un très petit nombre d'exemplaires : leur test plus ou moins lenticulaire ou globuleux ressemble extérieurement à celui d'un *Cyclammina* : il est constitué par des grains de sable réunis par un ciment ferrugineux, de couleur jaune brun. Le diamètre est d'environ 0mm,6.

MILIOLIDÆ.

Miliolina alveoliniformis Brady.

(Planche, fig. 5.)

Miliolina alveoliniformis se distingue de la majorité des *Miliolidæ* par son test arénacé. Brady décrit ainsi le caractère principal de cette espèce : test imperforé, porcellané, incrusté de grains de sable. Chez les très nombreux exemplaires que j'ai trouvés dans la vase, le test est extrêmement mince ; il est constitué par une fine lame chitineuse, insoluble dans les acides, de couleur grise, imperforée, recouverte d'une mince couche de ciment grisâtre, brillant, qui agglutine à sa surface de très fines particules de sable et de vase. Comme celui de tous les Arénacés, ce test contient du fer et du carbonate de chaux en proportion vraisemblablement assez forte ; il n'est pas, à proprement parler, de nature « porcellanée » comme celui de l'espèce type ; on pourrait donc se demander si cette espèce n'est pas une forme arénacée vraie, isomorphe de la *M. alveoliniformis* type, ou si elle n'est pas cette même espèce présentant seulement d'une manière un peu plus accentuée le caractère arénacé qui la caractérise. Tous ses autres caractères étant identiques à ceux de l'espèce type, et la seule différence résidant encore une fois dans l'aspect faiblement porcellané du test sous-arénacé et dans la présence d'une lame chitineuse non signalée par Brady, je pense que l'on peut admettre l'identité de cette forme et de l'espèce type.

Les loges sont allongées, réniformes, et ne se recouvrent pas entièrement (forme triloculine) ; l'ouverture orale, située dans le prolongement du grand axe, est généralement à l'extrémité d'un court goulot ; elle est constituée par un grand nombre de pores très petits.

Ce caractère important distingue nettement *M. alveoliniformis* d'une autre Miliolide arénacée : *M. agglutinans* Parker et Jones ; celle-ci, moins allongée d'ailleurs, possède une ouverture orale unique, large, limitée par un léger bourrelet circulaire, inclinée sur le grand axe, et en forme de fer à cheval, comme chez la plupart des autres Miliolides.

Les individus que j'ai observés mesurent $0^{mm},5$ à $0^{mm},6$; ils sont comparables aux jeunes individus décrits par Brady (et comparés par cet auteur à *M. saxorum*). Les grands individus dépassent en effet la taille de 3 millimètres et, dans ce cas, leurs loges très allongées ne se recouvrent plus qu'en petite partie.

TEXTULARIDÆ.

Bulimina aculeata d'Orbigny.

(Planche, fig. 6.)

Le test de cette espèce est entièrement calcaire, hyalin, finement perforé. Les loges sont globuleuses et embrassantes, situées alternativement de chaque côté de l'axe ; l'ouverture buccale, orientée longitudinalement, est légèrement incurvée au fond d'une sorte de fossette. Les loges postérieures sont pourvues de prolongements spiniformes hyalins et minces, dont le principal termine l'extrémité aiguë du test.

Les individus ne dépassent généralement pas la taille de $0^{mm},6$ (sans compter les épines postérieures).

Cassidulina crassa d'Orbigny.

(Planche, fig. 7.)

Cette espèce est représentée par un grand nombre d'exemplaires bien caractérisés. Comme chez toutes les Textularides, les loges alternent de chaque côté de l'axe ; mais celui-ci est contourné en spirale dans le genre *Cassidulina*. Le test est calcaire, hyalin, finement perforé ; les loges sont globuleuses ; l'ouverture buccale est en forme de fente verticale, c'est-à-dire parallèle au plan d'enroulement.

Le test d'un certain nombre d'individus, de couleur jaune brun, renferme du fer.

Les individus mesurent jusqu'à $0^{mm},5$.

Virgulina subdepressa Brady.
(Planche, fig. 8.)

J'ai trouvé quelques exemplaires de très petite taille appartenant à cette espèce ; le test est calcaire, hyalin, finement perforé ; les lobes sont globuleux et alternent de chaque côté de l'axe, qui peut être lui-même plus ou moins incurvé. La taille atteint $0^{mm},46$ (ces individus pourraient être de jeunes *Cassidulina crassa* incomplètement enroulées).

LAGENIDÆ.

Entolosenia globosa Ehrb.

Test calcaire hyalin perforé constituant une seule loge globuleuse ; l'extrémité antérieure déprimée donne naissance à un long col invaginé à l'intérieur de la loge. Je n'ai trouvé que de rares exemplaires de petite taille.

Uvigerina pigmæa Brady.
(Planche, fig. 9.)

Cette espèce est représentée par un grand nombre d'individus mesurant de $0^{mm},6$ à 1 millimètre. Le test est calcaire, porcellané et côtelé. Les loges sont disposées en spirale autour de l'axe, subglobuleuses, légèrement infléchies en S et ornées de côtes saillantes convergeant vers les deux extrémités, qui sont atténuées. L'ouverture buccale est à l'extrémité d'un col court situé dans l'axe de l'individu.

Uvigerina angulosa Williamson.

Cette espèce peut être considérée (Goës) comme une variété de la précédente, à laquelle de nombreux intermédiaires la relient. La forme anguleuse des loges est due à un développement plus prononcé des côtes.

GLOBIGERINIDÆ.

Globigerina bulloides d'Orbigny.
(Planche, fig. 10.)

Test calcaire, granulé, perforé ; loges sphériques disposées plus ou moins en spirale, les dernières englobant en partie les premières ; fente ovale arquée, bordée par un léger épaississement. Cette espèce, seul représentant de sa famille, est très abondamment représentée, surtout dans la vase de Port-Foster. Les individus mesurent environ 0mm,5 de diamètre.

ROTALINIDÆ.

Truncatulina sp.?

Je n'ai trouvé qu'un seul exemplaire d'une *Truncatulina* dont je n'ai pu déterminer l'espèce.

CARACTÈRES DE LA FAUNE DES FORAMINIFÈRES DES SHETLAND DU SUD

COMPARAISON AVEC LA FAUNE DES MERS POLAIRES

A. *Espèces déjà trouvées dans l'Antarctique.* — Les Foraminifères recueillis par le « Pourquoi Pas? » comprennent seulement 14 espèces; celles-ci constituent une faune très restreinte, mais cette pauvreté du nombre des espèces est souvent compensée par l'abondance des individus. Il est intéressant de comparer cette faune rhizopodique avec celle des autres régions de l'Antarctique d'abord, puis avec celle des mers arctiques.

L'expédition du « Challenger » a rapporté des mers australes 137 espèces appartenant principalement aux genres *Biloculina*, *Miliolina*, *Reophax*, *Haplophragmium*, *Cassidulina*, *Lagena*, *Uvigerina*, *Globigerina*, *Pullenia*, *Truncatulina*, *Nonionina*, *Polystomella*, etc.

Les espèces représentées dans les dragages du « Pourquoi Pas? » ont été trouvées par le « Challenger » aux points suivants :

Rhabdammina discreta. — Iles Kerguelen : 49° et 50° S. Profondeur : 38 et 220 mètres.

Reophax distans. — Iles Kerguelen : 49° et 50° S. Profondeur : 38 et 220 mètres.

Reophax dentaliniformis. — Iles Kerguelen : 49° et 50° S. Profondeur : 38 et 220 mètres.

Reophax var. *scorpiurus.* — Iles Kerguelen : 49° et 50° S. — Heard Island : 53° S. Profondeur : 137 mètres. — Côte Ouest de Patagonie : 50° 10′ et 50° 56′ S. Profondeur : 73 et 379 mètres. — Canal de Sarmiento : 51° 30′ S. Profondeur : 730 mètres. — Sud-Ouest de Patagonie : 52° 50′ S. Profondeur : 446 mètres.

Haplophragmium canariense. — Iles Kerguelen : 49° et 50° S. Profondeur : 38 et 220 mètres. — Heard Island : 53° S. Profondeur : 137 mètres. — Côte Ouest de Patagonie : 50° 10′ et 50° 56′ S. Profondeur : 73 et 379 mètres. — Canal de

Sarmiento : 51°30′ S. Profondeur : 730 mètres. — Sud-Ouest de Patagonie : 52°50′. Profondeur : 445 mètres. — Détroit de Magellan : 52°20′. Profondeur : 1.197 mètres.

Haplophragmium latidorsatum. — Sud-Ouest de Patagonie : 52°50′ S. Profondeur : 445 mètres. — Grande Barrière de Ross : 65° 42′ S.

Trochammina squamata. — Côte Ouest de Patagonie : 50° 10′ et 30°56′ S. Profondeur : 73 et 379 mètres. — Canal de Sarmiento : 51°30′ S. Profondeur : 730 mètres.

Bulimina aculeata. — Heard Island : 53° S. Profondeur : 137 mètres. — Grande Barrière de Ross : 65°42′ S.

Cassidulina crassa. — Iles Kergulen : 49° et 50° S. Profondeur : 38 et 220 mètres. — Océan du Sud (à l'Ouest de Heard Island) : 52° 4′ S. Profondeur : 209 mètres. — Heard Island : 53° S. Profondeur : 137 mètres. — Côte Ouest de Patagonie : 50° 10′ et 50° 56′ S. Profondeur : 73 et 379 mètres. — Canal de Sarmiento : 51°30′ S. Profondeur : 730 mètres. — Sud-Ouest de Patagonie : 32° 50′. Profondeur : 445 mètres. — Cette espèce a été trouvée jusqu'au cercle polaire austral près de la Grande Barrière de glace.

Lagena globosa. — Iles Falkland : 51°32′ S. Profondeur : 10 mètres.

Uvigerina pigmæa. — Côte Ouest de Patagonie : 50° 10′ et 50°56′ S. Profondeur : 73 et 379 mètres.

Uvigerina angulosa. — Iles Kerguelen : 49° et 50° S. Profondeur : 38 et 220 mètres. — Océan du Sud (à l'Ouest de Heard Island) : 32° 4′ S. Profondeur : 209 mètres. — Côte Ouest de Patagonie : 50°10′ et 50°56′ S. Profondeur : 73 et 379 mètres. — Sud-Ouest de Patagonie : 52°50′ S. Profondeur : 445 mètres.

Globigerina bulloïdes. — Iles Kerguelen : 49° et 50° S. Profondeur : 38 et 220 mètres. — Océan du Sud (à l'Ouest de Heard Island) : 52° 4′ S. Profondeur : 209 mètres. — Heard Island : 53° S. Profondeur : 137 mètres. — Côte Ouest de Patagonie : 50° 10′ et 50° 56′ S. Profondeur : 73 et 379 mètres. — Canal de Sarmiento : 51°30′ S. Profondeur : 730 mètres. — Sud-Ouest de Patagonie : 52°50′ S. Profondeur : 445 mètres. — Détroit de Magellan : 52°20′ S. Profondeur : 1197 mètres. (Cette espèce, à l'encontre des précédentes, est une forme planktonique. La profondeur de ses dépôts n'a donc pas ici un grand intérêt.)

On voit donc que, sur 14 espèces rapportées par le « Pourquoi Pas ? », 3 seulement n'ont pas été signalées, que je sache, dans les mers antarctiques ; ce sont : *Reophax distans*, *Miliolina alveoliniformis* et *Virgulina subdepressa*.

B. *Espèces communes aux faunes antarctique et arctique.* — Le rapport du « Challenger » oppose aux 137 espèces de Foraminifères décrites par Brady, dans les mers australes, 111 espèces seulement trouvées dans les mers boréales, beaucoup de ces espèces étant d'ailleurs communes aux deux faunes. La bibliographie relative aux Thalamophores arctiques s'est sensiblement étendue depuis lors, et le nombre des espèces boréales est très supérieur aujourd'hui à celui des espèces australes.

Parmi les Foraminifères dragués par le « Pourquoi Pas ? », 2 espèces seulement n'ont pas été signalées, à ma connaissance, dans les mers boréales. Ce sont *Miliolina alveoliniformis* et *Virgulina subdepressa.*

Les espèces rapportées par la Mission française et communes aux deux faunes ont été trouvées dans les régions arctiques aux stations suivantes :

Rhabdammina discreta. — Côte du Groenland (faible profondeur, Brady). — Océan glacial près des côtes de Norvège (Kiæer, 1899). — La forme voisine *Rh. linearis* a été signalée dans l'Atlantique boréal (1892) (profondeur : 1 670 mètres, rare) et près du Groenland par Goës (profondeur : 100 mètres).

Reophax distans. — Iles Feroe (profondeur : 648 mètres) et Atlantique du Nord (Brady).

Reophax dentaliniformis. — Mer d'Okhotsk (baie de Kola) (Schlumberger, 1894). — Mer de Kara (profondeur : 38 mètres) ; mer de Nordenskjöld (profondeur : 60 mètres). — Océan glacial du Nord (profondeur : 30 mètres) (Awerinzeff, 1911).

La forme voisine ou la variété *R. scorpiurus* Montfort (*R. arctica* Brady, 1881) est également très répandue dans les mers arctiques : Océan Glacial, Côtes de l'île Nowaja Semlja (Brady, 1881), Spitzberg et mers arctiques (rare), Atlantique boréal (profondeur : 320 mètres) — Côte du Groenland (profondeur : 35 à 215 mètres) (Goës, 1894). — Mer de Kara (profondeur : 38 mètres). — Mer de Nordenskjöld (profondeur : 60 mètres). — Océan Glacial (profondeur : 30 mètres) [Awerinzeff, 1911 (avec *R. dentaliniformis*)].

Il est assez difficile de limiter ces deux variétés, d'autant plus que les divers auteurs les figurent soit avec des aspects identiques, soit avec des aspects différents. Les deux formes *dentaliniformis* et *scorpiurus* diffèrent légèrement mais nettement, dans les figures de Brady, par la forme des loges, plus globuleuses chez le second, plus cylindriques chez le premier, plutôt que par la rectitude ou l'incurvation de l'axe du test. Mais, d'autre part, Brady, en 1884, admet que *R. arctica* décrit par lui en 1881 est le même que *R. scorpiurus*, et Goës (1894) décrit comme *R. arctica* une forme du Spitzberg dont les loges ovoïdes, atténuées vers l'extrémité orale, sont séparées les unes des autres par un sillon profond. Enfin Brady (1881) décrit comme variété de *R. scorpiurus* un *R. fusiformis* (Williamson)

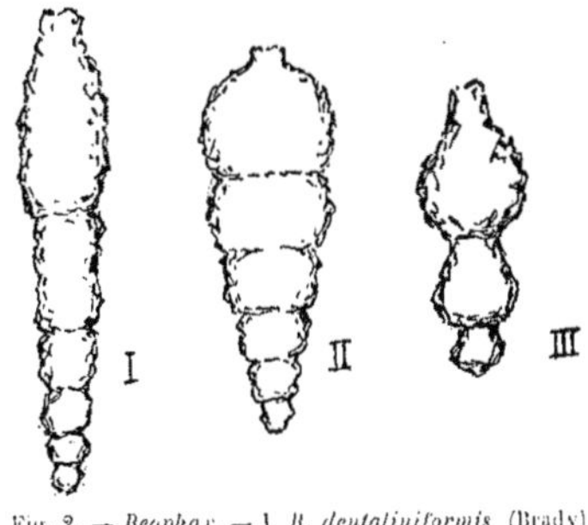

I II III

Fig. 2. — *Reophax.* — I, *R. dentaliniformis* (Brady), II, *R. arctica* (Brady); III, *R. arctica* (Goës).

trouvée près des côtes de l'île Nowaja Semlja. Il n'y a donc pas lieu d'attacher une grande importance à ces distinctions plus ou moins spécifiques : c'est pourquoi je cite à propos de *R. dentaliniformis* la répartition géographique des formes *scorpiurus*, *arctica* et même *fusiformis*.

Haplophragmium canariense. — Terre François-Joseph (exemplaires à test épais) (Brady, 1881). — Mer d'Okhotsk (baie de Kola) (Schlumberger, 1894). — Mer de Sibérie (profondeur : 75 mètres). — Spitzberg (profondeur : 400 mètres. Exemplaires très petits) (Goës, 1894). — Atlantique Nord (avec *Hapl. crassimargo* (Kiaer, 1899). — Mer de Kara (profondeur : 38 mètres) — Golfe de Tajmyr (profondeur : 28 mètres). — Mer de Nordenskjöld (77° 1′ N., 114°35′ O.) (profondeur : 60 mètres). — Océan glacial du Nord (77° 10′ N., 142°48′ O.) (profondeur : 35 mètres) (Awerinzeff, 1911).

Haplophragmium latidorsatum. — Spitzberg (Goës, 1894). — Terre François-Joseph (par 79° et 80° N.) (profondeur : 205 et 246 mètres) (Brady, 1881).

Bulimina aculeata. — Norvège (cap Nord) et Spitzberg (Goës, 1894), avec *B. marginata* et formes intermédiaires (profondeur : 50 à 270 mètres).

Cassidulina crassa. — Ile Nowaja Wremlja (Brady, 1881). — Mer d'Okhotsk, baie de Kola (Schlumberger, 1894). — Atlantique Nord (Goës, 1894, et Kiaer, 1899). — Océan glacial (83° 24′ N. et 102° 14′ E.), sur la glace ; rare (Kiaer, 1906). — Mer de Kara ; mer de Nordenskjöld (baie de la Chatanga, 75° 38′ N. et 114° 11′ O) (profondeur : 19 mètres) (Awerinzeff, 1911).

Entolosenia (Lagena) globosa. — Mer Nowaja Zemlja (très rare) (Brady, 1881). — Archipel de la Nouvelle-Sibérie (77°20′30″ N. et 138°47′ O.) (profondeur : 38 mètres) (Awerinzeff, 1911).

Uvigerina pigmæa. — Terre François-Joseph (Brady, 1881) (forme assez variable, variété *angulosa* fréquente). — Côtes Scandinaves occidentales (profondeur : 20 et 90 mètres) (Goës, 1894). — Vadsö (Kiaer, 1906). — Mer d'Okhotsk (baie de Kola (Schlumberger, 1894). — Atlantique Nord (Kiaer, 1899).

C. *Répartition géographique générale de ces espèces*. — Les espèces communes aux régions circumpolaires boréales et australes qui forment la série précédente sont des espèces à répartition géographique très étendue.

D. *Répartition bathypélagique :*

Rhabdammina discreta. — Cette espèce est fréquente, d'après Brady, depuis le Pacifique Sud jusqu'à l'Atlantique Nord, dans les grandes profondeurs. On la trouve généralement entre 570 et 2 400 mètres.

Reophax distans. — Ce *Reophax* possède une large répartition géographique, bien qu'il soit peu fréquent, sauf dans le Pacifique. Il est généralement localisé aux grandes profondeurs : on le trouve dans l'Atlantique

Nord et près de la côte d'Afrique par des fonds de 3 200 mètres ; dans l'Atlantique Sud près de Buenos-Ayres par 3 470 mètres ; entre le cap Good Hope et les îles Kerguelen par 2 800 mètres ; au sud de l'Australie par 4 700 mètres ; dans le Pacifique Sud par 1 950 et 3 950 mètres ; dans le Pacifique Nord par 3 750 et 5 000 mètres (Brady, 1884).

Reophax dentaliniformis. — Très répandue, cette espèce se trouve généralement par des fonds de 1 800 à 3 500 mètres, et la variété *scorpiurus* jusqu'à 7 000 mètres.

Haplophragmium latidorsatum. — Brady indique les profondeurs suivantes pour cette espèce assez fréquente : Atlantique Nord : profondeur, 712 à 5 000 mètres ; Atlantique Sud : profondeur, 1 260 à 4 900 mètres ; Océan du Sud : profondeur, 2 370 à 4 700 mètres ; Pacifique Sud : profondeur, 255 à 4700 mètres ; Pacifique Nord : profondeur, 3700 à 7200 mètres.

Bulimina aculeata. — Le plus souvent dans les grandes profondeurs : 1 800 à 4 900 mètres (Brady).

Uvigerina pigmæa. — Cette espèce ubiquiste vit dans les grands fonds jusqu'à 4 750 mètres. La forme *angulosa* se trouve au contraire à des profondeurs très variables. [Elle a été trouvée par Sidebottom (1904) près des côtes de Delos.]

On voit ainsi que les six espèces précédentes vivent normalement dans les grandes profondeurs, généralement au-dessous de 2 000 mètres. Or on sait que la température des mers s'abaisse progressivement et que, suivant les régions du globe, elle atteint + 4° à partir de 700 à 1 100 mètres, et que, même dans les zones tropicales, elle est comprise entre 0° et + 2° vers 5500 mètres. On peut donc admettre que les espèces de Foraminifères précédemment citées vivent à une basse température. Or, dans les régions circumpolaires, on a vu que ces mêmes espèces se trouvent par des fonds souvent très faibles, tels que de 30 à 70 mètres seulement. On en peut conclure que la répartition géographique de ces espèces est essentiellement isothermique.

Un autre groupe d'espèces comprend des formes dont la répartition est, au contraire des précédentes, polythermique. Ce sont :

Haplophragmium canariense. — Fonds littoraux de faible profondeur

(Angleterre, France, Belgique). — Océans, de 73 à 7200 mètres (Brady).

Cassidulina crassa. — Un des Foraminifères les plus répandus au fond des mers. On le trouve sur des fonds variant depuis de faibles profondeurs jusqu'à 5 000 mètres; on le rencontre également dans la Méditerranée, dont la température abyssale ne descend jamais au-dessous de + 12°,7.

Uvigerina pigmæa. — Atlantique, Pacifique, Méditerranée, depuis 4 mètres jusqu'à 4 700 mètres.

Entolosenia globosa. — Dans toutes les mers, à toutes les profondeurs.

Globigerina bulloides. — Espèce planktonique que l'on trouve à la surface de toutes les mers ; très fréquente en Méditerranée par exemple. Elle se trouve donc à toutes les températures.

E. *Espèces à répartition géographique peu étendue.* — A côté des Foraminifères que l'on rencontre communément dans les mers circumpolaires australes et boréales, il existe dans la faune antarctique rapportée par le « Pourquoi Pas ? » trois espèces qui se distinguent à ce point de vue. Ce sont : *Reophax distans*, *Virgulina subdepressa* et *Miliolina alveoliniformis.*

Reophax distans est abondant surtout dans le Pacifique, comme on l'a vu plus haut, et, si on le rencontre dans les grandes profondeurs en un certain nombre de points du globe, ses stations les plus élevées en latitude sont les îles Feroe dans l'hémisphère nord et les îles Kerguelen dans l'hémisphère sud. Il est donc intéressant de retrouver cette espèce beaucoup plus au sud, à l'île Déception.

Virgulina subdepressa n'a pas été signalée, à ma connaissance, dans les mers boréales ni australes. Elle existe pourtant dans l'Atlantique Sud, au sud-ouest de Juan-Fernandez, par 4000 et 4200 mètres (Brady); malheureusement, j'ai trouvé dans les dragages du « Pourquoi Pas ? » un si petit nombre d'exemplaires, d'ailleurs très petits, de cette forme qu'il est difficile d'affirmer leur exacte spécificité. Je ne m'arrêterai donc pas sur cette espèce.

Miliolina alveoliniformis, qui, on l'a vu plus haut, est représentée aux Shetland du Sud par un grand nombre d'exemplaires, est, au contraire, de la précédente, une espèce très bien caractérisée, et son cas est curieux.

Brady (1884) décrit *Miliolina alveoliniformis* comme strictement localisée aux eaux peu profondes des mers chaudes et comme spéciale aux récifs de coraux ; on la trouve fréquemment sur les fonds de sable littoraux et jusqu'à 80 ou 100 mètres environ, autour des îles de la mer Rouge, de la mer des Indes et du Pacifique. Près de Tahiti, cependant, elle a été trouvée à la profondeur de 767 mètres. En dehors de cette zone, *Miliolina alveoliniformis* ne semble pas avoir été signalée, surtout dans les régions circumpolaires; sa présence et sa fréquence aux Shetland du Sud est donc paradoxale. Une autre *Miliodidæ* arénacée, *M. agglutinans*, très différente de *M. alveoliniformis*, comme on l'a vu plus haut, par sa forme générale et par la disposition de l'ouverture orale, se trouve, elle, dans les mers arctiques et sur les côtes de Norvège, par des fonds de 600 à 150 mètres (Brady, 1884 ; Goës, 1894 ; Kiaer, 1899) ; mais il ne semble pas y avoir lieu de rapprocher ces deux espèces.

CONCLUSIONS

Les Foraminifères dragués par le « Pourquoi Pas ? », à de faibles profondeurs et à de hautes latitudes antarctiques, constituent une faune très restreinte si l'on considère le nombre de ses espèces, soit 14, et si on la compare à la faune australe recueillie par le « Challenger » entre le 49e et le 65e parallèle, laquelle comprend 131 espèces. Mais elle appartient bien à cette faune australe, car 13 de ses espèces ont été trouvées par le « Challenger » au-dessous du 49e parallèle.

Sur 14 espèces présentes aux Shetland du Sud, 12 appartiennent à la fois aux faunes arctique et antarctique, et l'on a vu que ces 12 espèces ont une répartition géographique très étendue entre les zones boréales et australes, et qu'elles sont particulièrement adaptées aux basses températures, soit que leur répartition soit isothermique (espèces des grandes profondeurs), soit qu'elles acceptent les températures les plus diverses, comme *Cassidulina crassa* par exemple. Il n'y a donc point d'espèces spéciales à la faune des Foraminifères antarctiques, pas plus qu'il n'en existe de spéciale à la faune arctique (Awerinzeff, 1911), et les espèces caractéristiques sont seulement les formes les plus résistantes et les plus ubiquistes du groupe. A ce point de vue, une seule espèce fait exception au

Shetland du Sud, où elle donne un curieux exemple d'adaptation spéciale et très localisée : c'est *Miliolina alveoliniformis*, espèce spéciale aux récifs de coraux et aux faibles profondeurs des mers tropicales, inconnue jusqu'ici dans l'Arctique et dans l'Antarctique.

Enfin, s'il existe un caractère morphologique particulier aux espèces trouvées aux Shetland du Sud, c'est la petite taille des individus, dont la moyenne est environ un tiers ou moitié moins grande que pour les mêmes espèces prises dans les autres régions du globe.

DISTRIBUTION DES ESPÈCES

Dragage XVI. — Ile Déception, au milieu de Port-Foster. Profondeur : 150 mètres ; fond de vase. Température de l'eau au fond : — 1°,3.

Rhabdammina discreta. — *Reophax distans.* — *Reophax dentaliniformis.* — *Haplophragmium canariense.* — *Haplophragmium latidorsatum.* — *Miliolina alveoliniformis.* — *Bulimina aculeata.* — *Cassidulina crassa.* — *Virgulina subdepressa.* — *Entolosenia globosa.* — *Uvigerina pygmæa.* — *Uvigerina angulosa.* — *Globigerina bulloïdes.*

Dragage XVIII. — Ile du Roi-George. Anse ouest de la baie de l'Amirauté. Profondeur : 75 mètres ; fond de vase grise et cailloux. Température de l'eau au fond : + 0°,2.

Cassidulina crassa.

Dragage XX. — En bordure de la Banquise, par 70°10′ S, et 80°50′ W. P. Profondeur : 460 mètres. Fond de vase sableuse et cailloux.

Débris d'Arénacés. — *Bulimina aculeata.* — *Virgulina subdepressa.* — *Uvigerina pygmæa.* — *Globigerina bulloïdes.* — *Truncatulina Sp. ?* — Quelques Radiolaires (*Astrocyclia*).

RF

BIBLIOGRAPHIE

AWERINZEFF (S.) (1911). — Zur Foraminiferen-Fauna der Siberischen Eismeeres (*Résultats scientifiques de l'Expéd. polaire Russe de* 1900-1903. *Zologie*, vol. II, fasc. 3, Saint-Pétersbourg).

BRADY (H.) (1881). — Ueber einige arktische Tiefsee-Foraminiferen gesammelt wärend der Osterreichisch. Ungarischen Nordpol Expedition, 1872-1874 (*Denkschr. d. kais. Akad. d. W. math. nat. Classe.*, Bd. XLIII, Abt. II, Wien).

— (1884). — Report of the Foraminifera (*Rep. Sc. res. Voyage of «Challenger». Zoologie*, vol. IX).

FAURÉ-FREMIET (1911). — Étude des Foraminifères de la Mission française antarctique (*Bull. du Muséum nat. d'Hist. nat.*, Paris).

GOËS (1892). — Arctic and Scand. Foraminiferen (*K. Svenska Vetensk. Akad. Handlingar*, Bd. XXV, n° 9).

KIAER (1899). — Thalamophora (*Den Norske Nordhavs. Expedition*, 1876-1878).

— (1906). — Thalamophora from the bottom samples and the mud from the surface of the ice in the North Polar Sea (*The Norw. North Polar Exped.*, Sc. res. de. by F. Nansen, vol. V, n° XIV, app. II).

SCHLUMBERGER (1894). — Note sur les Foraminifères des mers arctiques russes (*Mém. Soc. zool. France*, vol. VII).

BF

EXPLICATION DE LA PLANCHE

Fig. 1. — *Rhabdammina discreta.*
Fig. 2. — *Reophax distans.*
Fig. 3. — *Reophax dentaliniformis.*
Fig. 4. — *Haplophragmium canariense.*
Fig. 5. — *Miliolina alveoliniformis.*
Fig. 6. — *Bulimina aculeata.*
Fig. 7. — *Cassidulina crassa.*
Fig. 8. — *Virgulina subdepresa.*
Fig. 9. — *Uvigerina pigmæa.*
Fig. 10. — *Globigerina bulloides.*

7539-13. — Corbeil. Imprimerie Crété.

Deuxième Expédition Charcot. (*E. Fauré-Fremiet.*)

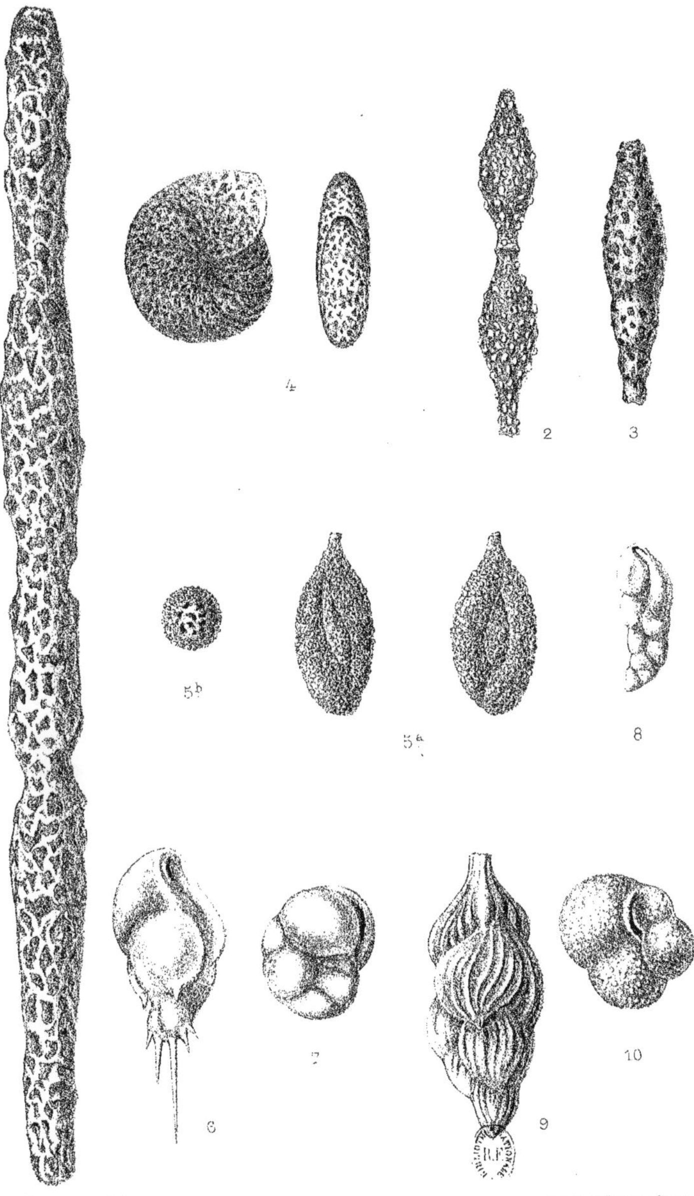

Boisgontier lith.

Imp. L. Lafontaine, Paris.

Foraminifères.

Masson & Cie Éditeurs.

Fascicules publiés

CARTES. — Onze cartes en couleurs dressées par M. Bongrain et R.-E. Godfroy, pliées et réunies . . . 34 fr.

RHIZOPODES D'EAU DOUCE, par E. Penard. — 1 fasc. de 16 pages . . . 2 fr.

FORAMINIFÈRES, par E. Fauré-Fremiet, 10 pages (1 planche). — ARTHROPODES *Acariens*, par E.-L. Trouessart, 16 pages.
Ensemble, 1 fascicule . . . 3 fr.

ÉCHINODERMES. — **Astéries, Ophiures et Échinides**, par R. Koehler.
1 fasc. de 270 pages (16 planches doubles) . . . 34 fr.

Holothuries, par Cl. Vaney.
1 fasc. de 54 pages (5 planches) . . . 8 fr.

VERS. — **Polyclades et Triclades maricoles**, par P. Hallez ; **Ptérobranches**, par Ch. Gravier ; **Chétognathes**, par L. Germain ; **Rotifères**, par P. de Beauchamp.
1 fasc. de 110 pages (9 planches) . . . 15 fr.

Annélides Polychètes, par Ch. Gravier.
1 fasc. de 165 pages (12 planches) . . . 24 fr.

CRUSTACÉS. — **Crustacés isopodes**, par H. Richardson ; **Crustacés parasites**, par Ch. Gravier ; **Amphipodes**, par Ed. Chevreux ; **Mallophaga et Ixodidæ**, par L.-G. Neumann ; **Collemboles**, par [illegible]. — *1 fasc. de 204 pages* . . . 16 fr.

PYCNOGONIDES, par E.-L. Bouvier ; **Ostracodes marins**, par E. Daday de Deés ; **Phyllopodes anostracés**, par E. Daday de Deés ; **Infusoires nouveaux**, par E. Daday de Deés ; **Copépodes parasites**, par A. Quidor ; **Diptères**, par Keilin.
1 fasc. de 234 pages avec fig. (6 planches) . . . 18 fr.

MOLLUSQUES. — **Gastropodes prosobranches, Scaphopodes et Pélécypodes**, par Ed. Lamy ; **Amphineures**, par Joh. Thiele.
1 fasc. de 84 pages (1 planche) . . . 4 fr.

PROTOCHORDÉS. — **Tuniciers**, par le Dr C.-Ph. Sluiter.
1 fasc. de 59 pages (4 planches) . . . 7 fr.

POISSONS, par L. Roule, avec la collaboration de MM. Angel et R. Despax.
1 fasc. de 32 pages (4 planches en noir et en couleurs) . . . 8 fr.

CÉTACÉS. — **Baleinoptères, Ziphiidés, Delphinidés**, par le Dr J. Liouville.
1 fasc. de 276 pages (15 planches en noir et en couleurs) . . . 30 fr.

BOTANIQUE. — **Flore algologique antarctique et subantarctique**, par L. Gain. — *1 fasc. de 218 pages (8 planches)* . . . 24 fr.

Révision des Mélobésiées antarctiques, par Mme Paul Lemoine. — *1 fasc. de 72 pages (2 planches)* . . . 7 fr.

Mousses, par J. Cardot. — *1 fasc. de 82 pages (5 pl.)* . . . 6 fr.

OBSERVATIONS MÉTÉOROLOGIQUES, par J. Rouch.
1 fasc. de 260 pages (16 planches) . . . 34 fr.

ÉTUDE SUR LES MARÉES, par R.-E. Godfroy.
1 fasc. de 74 pages (11 planches) . . . 16 fr.

OBSERVATIONS D'ÉLECTRICITÉ ATMOSPHÉRIQUE, par J. Rouch.
1 fasc. de 40 pages (7 planches) . . . 9 fr.

OCÉANOGRAPHIE PHYSIQUE, par J. Rouch.
1 fasc. de 46 pages (2 planches) . . . 8 fr.

EAUX MÉTÉORIQUES, SOL ET ATMOSPHÈRE, par A. Muntz et E. Lainé.
1 fasc. de 27 pages avec figures . . . 6 fr.

Corbeil. — Imprimerie Crété.

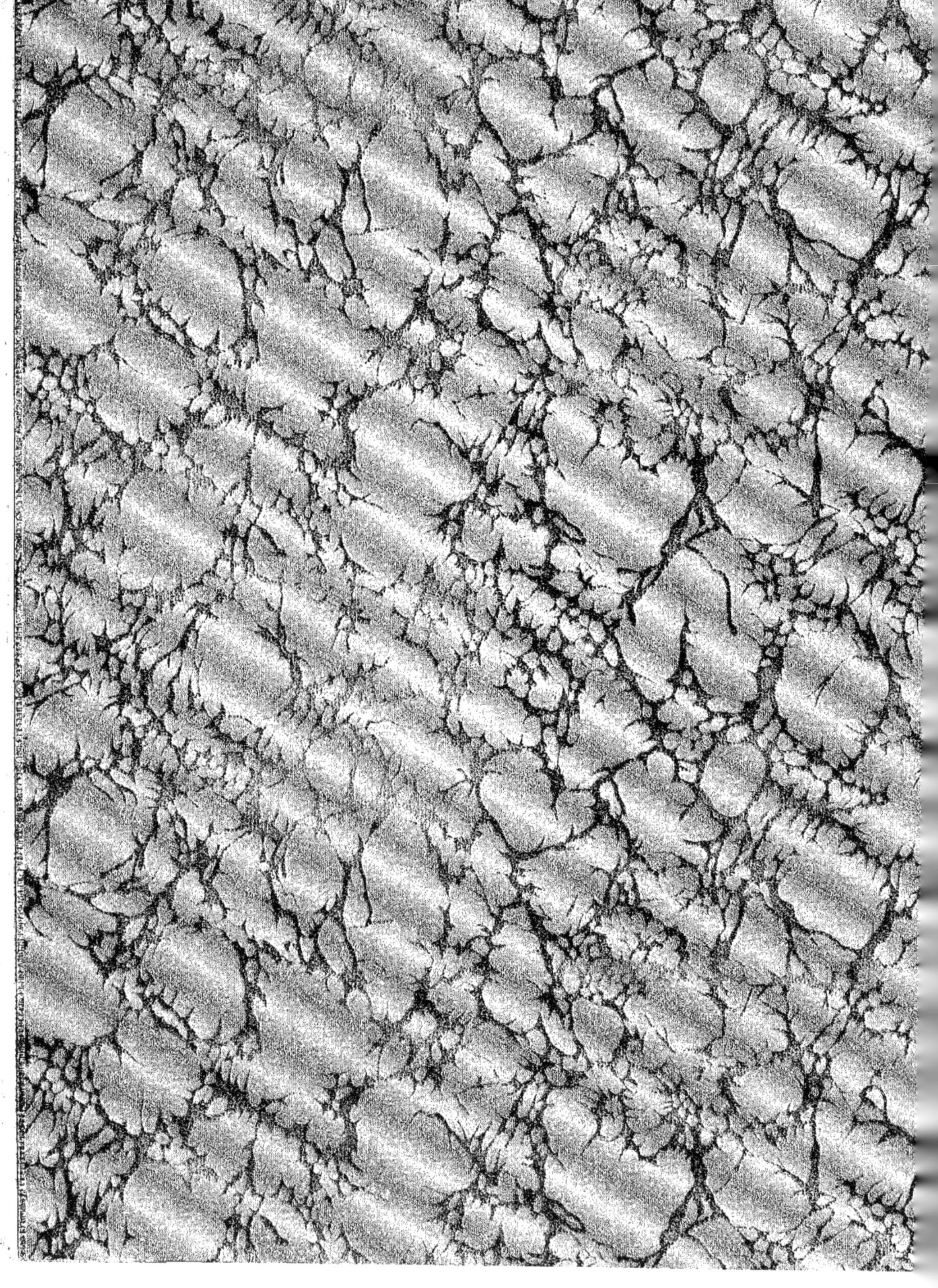

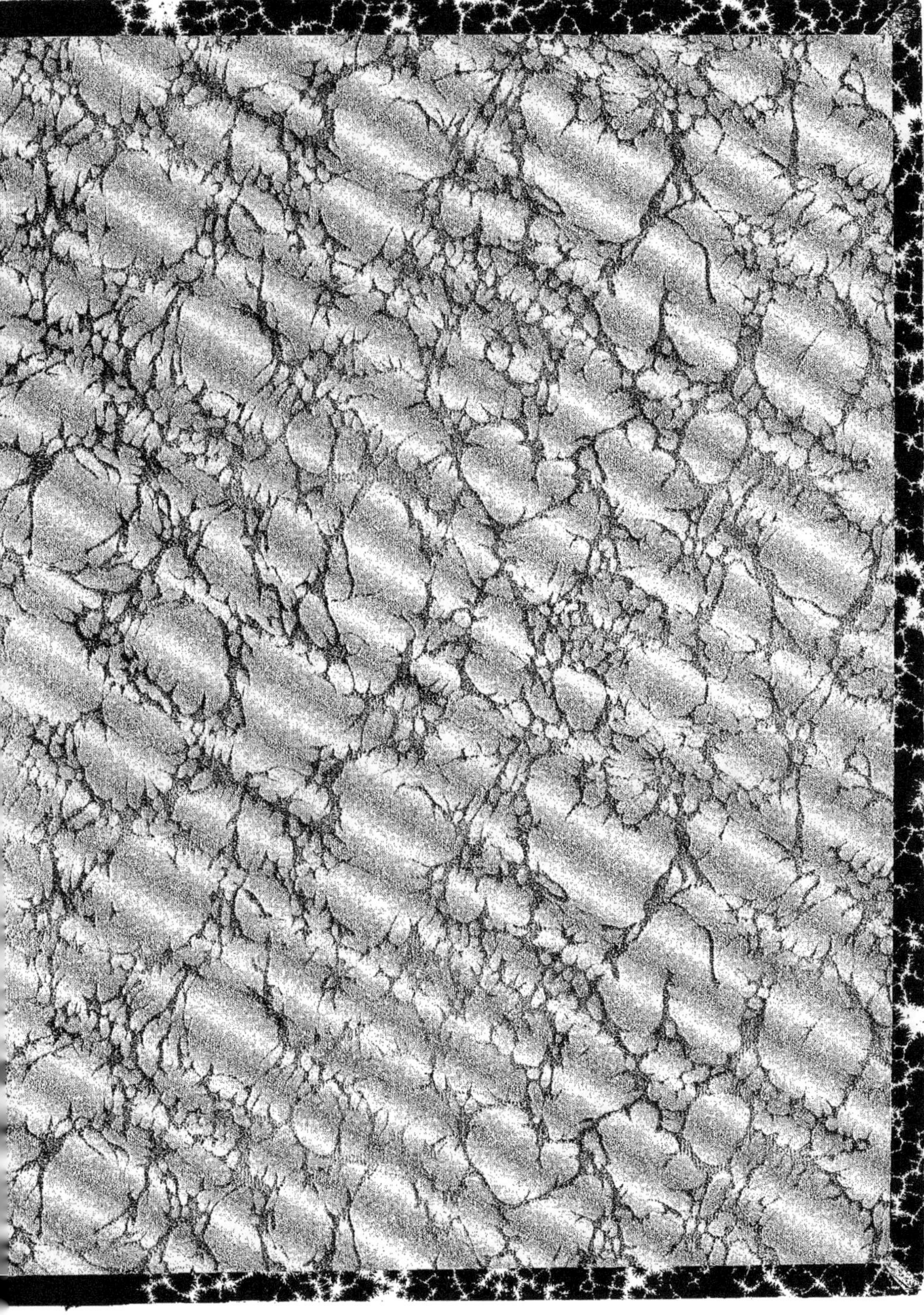

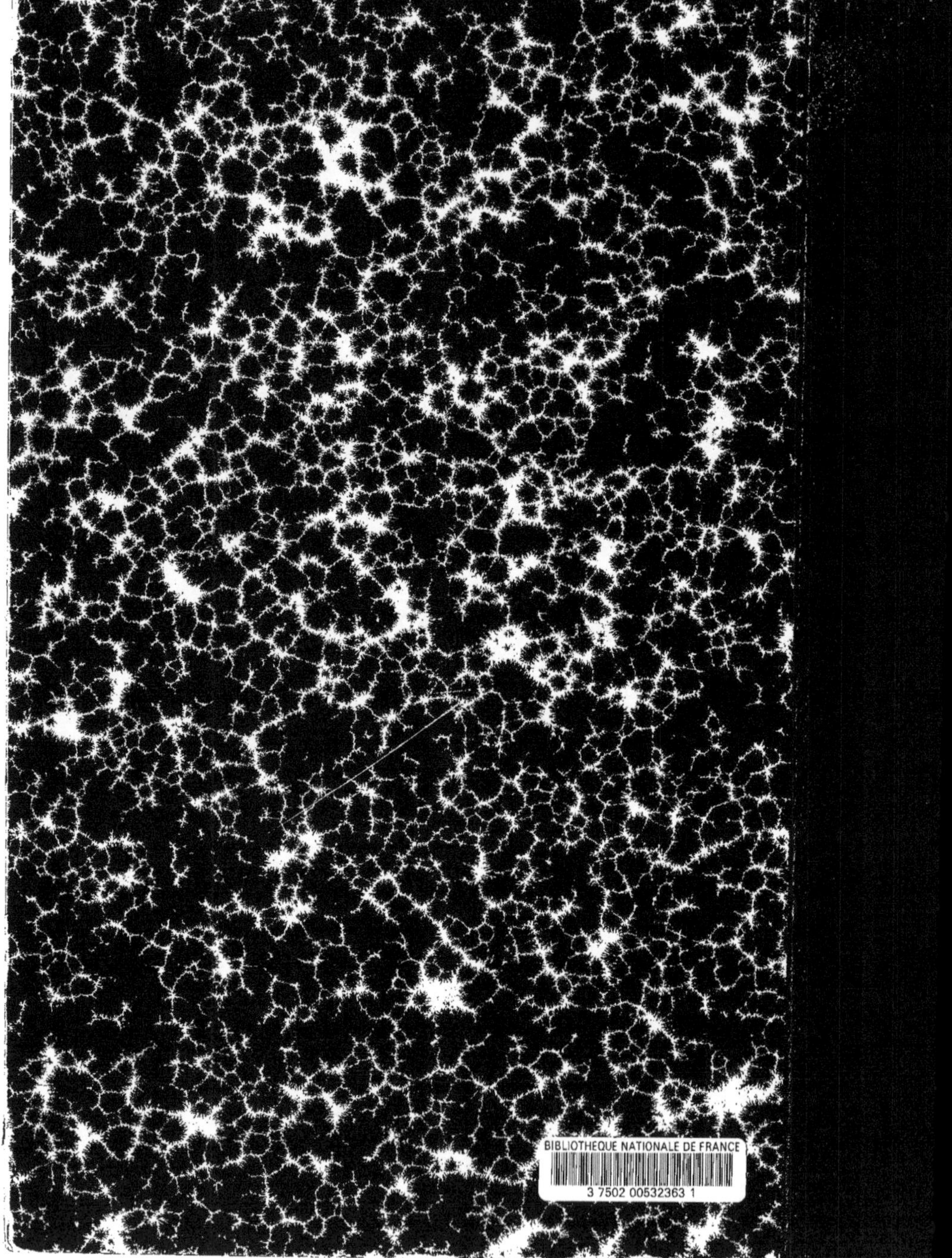

BIBLIOTHEQUE NATIONALE DE FRANCE
3 7502 00532363 1

www.ingramcontent.com/pod-product-compliance
Ingram Content Group UK Ltd.
Pitfield, Milton Keynes, MK11 3LW, UK
UKHW020355250726
13967UKWH00005B/2291

9 782011 925411